正向教育
故事系列

猴子奇奇，
請你細心聽

蘇·格雷夫斯 著　　　特雷弗·鄧頓 圖

U0111226

新雅文化事業有限公司
www.sunya.com.hk

正向教育故事系列

　　《正向教育故事系列》全套10冊，**旨在培養孩子正向的性格強項，發揮個人潛能，活出更精彩豐盛的人生。**

　　在《正向教育故事系列》裏，動物們遭遇到一些孩子普遍會遇到的困境，幸好他們最後都能發揮相關的性格強項，完滿地解決事情，還得到意外驚喜。

　　小朋友，準備好了嗎？現在，就讓我們進入正能量世界，一起跟着

 鱷魚卡卡學**毅力**　　　　 大象波波學**仁慈**

 豹子達達學**團隊精神**　　 長頸鹿高高學**公平**

 河馬胖胖學**正直**　　　　 獅子安安學**希望**

 猴子奇奇學**審慎**　　　　 烏龜娜娜學**勇敢**

 老虎哈哈學**自我規範**　　 犀牛魯魯學**社交智慧**

　　每冊書末還設有**親子/師生共讀建議**，幫助爸媽和孩子說故事呢！

 升級功能

　　本系列屬「新雅點讀樂園」產品之一，若配備新雅點讀筆，爸媽和孩子可以使用全書的點讀和錄音功能，聆聽粵語朗讀故事、粵語講故事和普通話朗讀故事，亦能點選圖中的角色，聆聽對白，生動地演繹出每個故事，讓孩子隨着聲音，進入豐富多彩的故事世界，而且更可錄下爸媽和孩子的聲音來說故事，增添親子閱讀的趣味！

　　「新雅點讀樂園」產品包括語文學習類、親子故事和知識類等圖書，種類豐富，旨在透過聲音和互動功能帶動孩子學習，提升他們的學習動機與趣味！

　　家長如欲另購新雅點讀筆，或想了解更多新雅的點讀產品，請瀏覽新雅網頁 (www.sunya.com.hk) 或掃描右邊的QR code進入 新雅‧點讀樂園 。

如何使用新雅點讀筆閱讀故事

① 下載本故事的聲音檔案

1. 瀏覽新雅網頁(www.sunya.com.hk) 或掃描右邊的QR code 進入 新雅•點讀樂園 。

2. 點選 下載點讀筆檔案 ▶ 。

3. 依照下載區的步驟說明，點選及下載《正向教育故事系列》的聲音檔案至電腦，並複製至新雅點讀筆的「BOOKS」 資料夾內。

② 點讀故事和選擇語言

啟動點讀筆後，請點選封面，然後點選書本上的故事文字或說話的人物，點讀筆便會播放相應的內容。如想切換播放的語言，請點選每頁左上角的 粵 ☆ 普 圖示，當再次點選內頁時，點讀筆便會使用所選的語言播放點選的內容。

語言圖示說明

粵 粵語 朗讀故事

☆ 粵語 講故事

普 普通話 朗讀故事

安安的體形的確太大了，他無法坐上小型賽車，不過他一點都不介意，還去玩火箭浸浸。安安覺得這鋼機動遊戲更好玩呢！

然後大鳥老師看看手錶，她說時間剛剛好，大家還來得及一起去玩沖天過山車，那是森林樂園裏最高、最快、最刺激的機動遊戲！

20

❸ 播放整個故事

如想播放整個故事請點選下面的圖示：

選擇語言

粵語
朗讀故事

粵語
講故事

普通話
朗讀故事

播放整個故事

播放

暫停

停止

❹ 製作獨一無二的點讀故事書

爸媽和孩子可以各自點選以下圖示，錄下自己的聲音來說故事！

1 先點選圖示上爸媽錄音 或 孩子錄音 的位置，再點 OK，便可錄音。

2 完成錄音後，請再次點選 OK，停止錄音。

3 最後點選 ▶ 的位置，便可播放錄音了！

4 如想再次錄音，請重複以上步驟。注意每次只保留最後一次的錄音。

爸媽請使用
這個圖示錄音

OK
爸媽錄音

OK
孩子錄音

孩子請使用
這個圖示錄音

　　鱷魚先生很忙碌，他是課後活動小組的負責老師。這天他在森林學校的棚子裏，正在為課後活動構思好點子。

他喜歡構思有趣和令人興奮的活動，讓同學們一起參加。他找到一些舊輪子和木頭，這些輪子和木頭給了他靈感，於是他去告訴同學們。

鱷魚先生請大家坐好並細心聆聽，同學們都跟着坐好了並細心聆聽。但是猴子奇奇不但沒坐好，也沒有留心聽。鱷魚先生開始將他的好主意告訴大家。

他説大家將會分組合作。每一組將會利用木頭和輪子，合力建造一架小型賽車。當車子造好後，他們將會在沼澤中比賽。

接着，鱷魚先生問誰想駕駛小型賽車。同學
們都想，他們全部都舉起手來。鱷魚先生有一個
好主意，他將同學們的名字都放入了帽子內。

　　首先他抽出了大象的名字，大象非常興奮。
然後鱷魚先生抽出了奇奇的名字，他對奇奇說，
奇奇也將會駕駛車子。奇奇興奮極了。

鱷魚先生說大家都要好好聽指示。仔細聆聽是非常重要的，因為大家將會分工合作，一起建造小型賽車。他說他們還要檢查車子是否安全才可以比賽。同學們都細心地聆聽，但奇奇完全沒在聽。

然後鱷魚先生分派工作：獅子要製作車子的車身，河馬要為車子裝上輪子，小獅子要裝上方向盤。

奇奇要檢查輪子和方向盤。鱷魚先生說小心檢查是非常重要的，因為必須確保車子可以安全地比賽。但是奇奇沒有聽到。

很快車子準備好了。
河馬提醒奇奇要檢查輪
子，可是奇奇沒有聽到。

小獅子提醒奇奇檢查方向盤，可是奇奇也沒有聽到。

很快來到比賽日了，同學們都很興奮！奇奇和大象的車子在起點並列，鱷魚先生請他們要聽好指示，還提醒他們在沼澤拐彎時不要太快。但是奇奇沒有聽，他已經全速前進了！

奇奇在彎位時的行車速度太快了，使得輪子開始搖晃……方向盤也開始震動！

突然間，方向盤斷開了。車子在路上打滑，
然後它在空中翻滾，轉了一圈又一圈，最後……
車子撲通一聲掉進沼澤中！

大家都跑去幫奇奇，合力地把他拉出沼澤。
奇奇又濕又臭。然後他們把車子也拉出來，可是
車子已經扭曲變形。鱷魚先生很生氣。同學們也
按捺不住說：「奇奇，你應該聽從指示！」

22

　　奇奇為自己沒有好好聽從指示而感到抱歉，
他也為沒有檢查輪子和方向盤而感到抱歉，他更
為自己駕駛速度太快而抱歉。更甚的是，他為弄
壞了車子使比賽中斷而深深感到抱歉。

然後大象想到了一個好主意。他問鱷魚先生，大家是否可以幫助奇奇修理車子。他又問鱷魚先生，當車子修好了，大家可否再進行比賽。鱷魚先生說這主意非常好。

24

同學們一起幫助奇奇修理車子，大家分工合作。這次奇奇有仔細聽從指示了。

　　河馬不用提醒奇奇去檢查輪子，他很高興。小獅子也不用提醒奇奇去檢查方向盤，他很高興。

很快，比賽的時間到了。同學們都很興奮。奇奇和大象的車子再次在起點並列。鱷魚先生請他們要聽從指示，還提醒他們在沼澤拐彎時不要太快，這次奇奇有聽從。

奇奇很努力比賽。但這次他沒有在彎位加速，所以輪子沒有搖晃，方向盤也沒有震動。最棒的是，車子沒有在路上打滑。

最後，奇奇和大象駕駛着車子，一起衝過終點。大家都拍掌歡呼！

正向心理學之父馬丁‧賽里格曼 (Martin Seligman) 與其他學者合作，研究出一套以科學驗證為基礎的正向心理學理論，提出每人都能培育及運用所擁有的性格強項，活出更豐盛的人生。

正向心理學中的性格強項分成 6 大美德 (Virtues)，共 24 個性格強項 (Character Strengths)。只要我們好好運用性格強項和應用所累積的正向經驗，日後無論是在順境或逆境中，我們仍然能從中獲得快樂及寶貴的經驗。

現在，一起來認識 24 個性格強項：

智慧與知識
(Wisdom & Knowledge)
喜愛學習 (Love of Learning)
開明思想 (Judgement)
洞察力 (Perspective)
創造力 (Creativity)
好奇心 (Curiosity)

勇氣
(Courage)
正直 (Honesty)
勇敢 (Bravery)
熱情與幹勁 (Zest)
毅力 (Perseverance)

節制
(Temperance)
謙遜 (Humility)
審慎 (Prudence)
寬恕 (Forgiveness)
自我規範 (Self-regulation)

24 個
性格強項

公義
(Justice)
公平 (Fairness)
團隊精神 (Teamwork)
領導才能 (Leadership)

靈性與超越
(Transcendence)
希望 (Hope)
感恩 (Gratitude)
幽默感 (Humour)
靈修性 (Spirituality)
對美麗和卓越的欣賞
(Appreciation of Beauty and Excellence)

仁愛
(Humanity)
愛 (Love)
仁慈 (Kindness)
社交智慧 (Social Intelligence)

猴子奇奇總是不留心聽別人的話，即使是有關安全的指示他也沒聽好！結果，他在一次賽車比賽中掉進了沼澤中，把車子弄壞了，也把比賽中斷了。

　　幸好，奇奇吸取這次的教訓，發揮了**審慎**的性格強項。在第二次比賽時，他**小心地**檢查車子，**謹慎地**駕駛車子，與大象雙雙**安全地**到達終點。大家都拍掌歡呼！這真是一個完滿的結局！

親子 / 師生共讀建議

讀完故事後，和孩子談談這本書：

1　這個故事是關於什麼的？與孩子談談奇奇的行為會帶來什麼後果。為什麼留心聆聽別人發出的指示是很重要的呢？

2　孩子試過不聽老師、家長或照顧者的指示嗎？當時發生了什麼事情？引來什麼結果？請鼓勵孩子談談自己的經歷。

3　延續上一條，詢問孩子是否遇到因其他人不聽從或不遵循指示而導致問題發生？他們對那些不聽話的人有何感受？當時發生了什麼？

4　討論如何幫助自己集中注意力，並在別人給予指示時仔細聆聽。例如安靜坐好並雙手合十避免坐立不安；專注於發出指令的人等等。

5　通過一個簡單的遊戲來鼓勵孩子聽取指示，比如「老師說」。提醒孩子注意遊戲規則，並指出他們必須完全按照老師所說的去做，除非指示發出時沒有加上「老師說」的字句。

正向教育故事系列（修訂版）

猴子奇奇，請你細心聽

作　　者：蘇·格雷夫斯（Sue Graves）
繪　　圖：特雷弗·鄧頓（Trevor Dunton）
翻　　譯：馬炯炯
責任編輯：黃花窗、趙慧雅
美術設計：蔡學彰
出　　版：新雅文化事業有限公司
　　　　　香港英皇道499號北角工業大廈18樓
　　　　　電話：（852）2138 7998
　　　　　傳真：（852）2597 4003
　　　　　網址：http://www.sunya.com.hk
　　　　　電郵：marketing@sunya.com.hk
發　　行：香港聯合書刊物流有限公司
　　　　　香港荃灣德士古道220-248號荃灣工業中心16樓
　　　　　電話：（852）2150 2100　　傳真：（852）2407 3062
　　　　　電郵：info@suplogistics.com.hk
印　　刷：中華商務彩色印刷有限公司
　　　　　香港新界大埔汀麗路36號
版　　次：二〇二〇年九月初版
　　　　　二〇二二年九月第三次印刷

ISBN : 978-962-08-7507-6
Originally published in the English language as "*Behaviour Matters! Monkey needs to listen (A book about paying attention)*"
Text © Franklin Watts 2014
Illustrations © Trevor Dunton 2014
Copyright licensed by Franklin Watts, an imprint of Hachette Children's Group, Parts of the Watts Publishing Group
Traditional Chinese Edition © 2019, 2020 Sun Ya Publications (HK) Ltd.
18/F, North Point Industrial Building, 499 King's Road, Hong Kong
Published in Hong Kong, China
Printed in China